FICHA CATALOGRÁFICA

(Preparada na Editora)

Xavier, Francisco Cândido, 1910-2002.

X19m   *Mãos Marcadas* / Francisco Cândido Xavier, Espíritos Diversos.
Prefácio de Maria Dolores. Araras, SP, 20ª edição, IDE, 2023.

160 p.: il.

ISBN 978-65-86112-40-5

1. Espiritismo 2. Psicografia - Mensagens I. Espíritos Diversos.
II. Título.

CDD-133.9
-133.91

Índices para catálogo sistemático:

1. Espiritismo 133.9
2. Psicografia: Mensagens: Espiritismo 133.91

MÃOS MARCADAS

ISBN 978-65-86112-40-5

20ª edição - abril/2023

Copyright © 1972,
Instituto de Difusão Espírita - IDE

Conselho Editorial:
Doralice Scanavini Volk
Wilson Frungilo Júnior

Produção e Coordenação:
Jairo Lorenzeti

Revisão de texto:
Mariana Frungilo

Capa:
Samuel Carminatti Ferrari

Diagramação:
Maria Isabel Estéfano Rissi

Parceiro de distribuição:
Instituto Beneficente Boa Nova
Fone: (17) 3531-4444
www.boanova.net
boanova@boanova.net

INSTITUTO DE DIFUSÃO ESPÍRITA - IDE
Rua Emílio Fererira , 177 - Centro
CEP 13600-092- Araras/SP - Brasil
Fones (19) 3543-2400 e 3541-5215
CNPJ 44.220.101/0001-43
Inscrição Estadual 182.010.405.118
www.ideeditora.com.br
editorial@ideeditora.com.br

Todos os direitos reservados.
Nenhuma parte desta
publicação pode ser
reproduzida, armazenada
ou transmitida, total ou
parcialmente, por quaisquer
métodos ou processos, sem
autorização do detentor do
copyright.

ESPÍRITO ANDRÉ LUIZ

CHICO XAVIER

MÃOS MARCADAS

Sumário

1 - Mãos Marcadas • Maria Dolores, 9

2 - Anseio e prece • Maria Dolores, 13

3 - No caminho da vida • Emmanuel, 17

4 - Comecemos hoje • André Luiz, 21

5 - Serve e encontrarás • Emmanuel, 25

6 - Conversa com Jesus • Maria Dolores, 29

7 - Resposta do Alto • Emmanuel, 33

8 - Elevação espiritual • Albino Teixeira, 37

9 - Tudo claro • Antônio Americano do Brasil, 39

10 - No caminho terrestre • Casimiro Cunha, 43

11 - No templo da carne • Emmanuel, 47

12 - Prece antes e depois • Emmanuel, 51

13 - No rumo do porvir • Nina Arueira, 55

14 - Buril de luz • Maria Dolores, 59

15 - Figurino • Scheilla, 63

16 - Em desobsessão • Emmanuel, 65

17 - Esquecimento • Emmanuel, 67

18 - Enviados de Cristo • Irene Souza Pinto, 71

19 - Um momento • André Luiz, 75

20 - Sempre mais • Emmanuel, 77

21 - Mudança de plano • Emmanuel, 81

22 - Consanguinidade • Emmanuel, 85

23 - Erros de amor • Maria Dolores, 89

24 - Diante da rebeldia • Emmanuel, 91

25 - Presença de Jesus • Maria Dolores, 95

26 - Entre hoje e amanhã • Emmanuel, 99

27 - Nascer de novo • Cornélio Pires, 103

28 - Na partilha do bem • Emmanuel, 105

29 - Palavras ao semeador • Carmen Cinira, 109

30 - Imagens • Emmanuel, 113

31 - Ilação espírita • Albino Teixeira, 117

32 - Roguemos auxiliando • Emmanuel, 119

33 - Na construção da fé • Emmanuel, 123

34 - Todos podemos ajudar • Emmanuel, 127

35 - Leitura da caridade • Emmanuel, 131

36 - Hora a hora, dia a dia • Emmanuel, 135

37 - Assistência espiritual • Emmanuel, 139

38 - Tua religião • Emmanuel, 143

39 - Cérebro e coração • Emmanuel, 147

40 - Mais luz • Emmanuel, 149

41 - Prece para hoje • Maria Dolores, 151

42 - Nossas mãos • Emmanuel, 153

Chico Xavier

1
Mãos marcadas

Maria Dolores

Senhor!

Quando me deres

O privilégio do renascimento

No berçário do mundo,

Ante as necessidades que apresento

E aquelas que não vejo,

Eis, Senhor, o desejo

Em que, dia por dia, me aprofundo:

Deixa-me renascer em qualquer parte,
Entretanto, que eu possa acompanhar-te
Onde constantemente continuas
Trabalhando e servindo em todas as estradas
Para que eu também tenha as mãos marcadas
Como trazes as tuas...

Quanta ilusão quando me debatia
Crendo que o desespero fosse prece,
A rogar-te alegria e segurança
Sem que eu nada fizesse!
Imitava na Terra o lavrador
A temer pedra e lama, vento e bruma,
Aguardando milagres de colheita,
Sem plantar coisa alguma.

Entretanto, Senhor, agora sei
Que o trabalho é divino compromisso,
Estímulo do Céu guiando-nos os passos
E que, atendendo à semelhante lei,
Puseste ambas as mãos em nossos braços
Por estrelas de amor e de serviço.

Assim, quando efetues
As esperanças em que me agasalho
E estiver entre os homens, meus irmãos,
Que eu me esqueça em trabalho
E me lembre das mãos...

Não me dês tempo para lastimar-me,
Que eu busque tão-somente a luz que me acenas...
No anseio de seguir-te,
Quero o trabalho apenas.

Dá que eu seja contigo, onde estiveres,
Uma réstea de paz... Que eu seja alguém
Sem destaque e sem nome,
Que se olvide no bem.

E se um dia uma cruz de provas e de agravos
Reclamar-me a tarefa e o coração,
Não me largues ao susto a que me enleie,
Ajuda-me a entregar as próprias mãos aos cravos
Da incompreensão que me rodeie,
Entre bênçãos de fé e preces de perdão!

Não consintas que eu volte ao tempo morto
Da ilusão convertida em desconforto,
Dá-me os calos da paz nas tarefas do bem,
A servir e servir sem perguntar a quem...

Ouve, Celeste Amigo,
Aspiro a estar contigo,
Longe de minhas horas desregradas,
Onde sempre estiveste e sempre continuas,
Plantando o amor em todas as estradas,
Para que eu também tenha as mãos marcadas
Como trazes as tuas...

2

Anseio e prece

Maria Dolores

Senhor!... Sei que nos deste a todos
Um encargo ou missão.
Nada promoves sem objetivo,
Nada fazes em vão.

À estrela conferiste
A bênção de argumentar-se e refulgir sem véu,
Tal qual sucede ao Sol, que nos conduz
Pelas vias do Céu.

Atribuíste à Terra
A função de compor e recompor
A forma em que o trabalho nos confere
A ciência do amor.

Colocaste no mar a investidura imensa
De te externar o poder
E à fonte o privilégio de nos ensinar
A humildade por norma e o perdão por dever.

Comissionaste as árvores amigas,
Em que a lição do bem se exprime e se condensa,
Para a tarefa de te guardar a vida
E auxiliar sem recompensa.

Deste à flor o dom de perfumar
E puseste na estrada o dom de conduzir,
Deste a música às aves, deste ao vento
O doce ministério de servir.

Tudo te filtra a glória soberana,
Tudo te exalta a Lei,
Em razão disso, eu própria reconheço
Que quase nada sou e quase nada sei.

Mas se posso pedir-te alguma coisa,
Converte-me, Senhor, a minha imperfeição
Num canal pequenino que te sirva
Na força da bondade, na luz da compaixão.

Chico Xavier

3

No caminho da vida

Emmanuel

REAGE A VIDA PARA NÓS EM TODA PARTE, segundo a nossa própria ação.

Observemos a natureza, em sua feição pura e simples.

O rio, quanto mais profundo, mais requisita a contribuição de afluentes.

O incêndio cresce, conforme o combustível de que as suas labaredas se nutrem.

O fruto relegado ao abandono converte-se em foco infeccioso cada vez mais virulento.

Assim também, nossos gestos de bondade enriquecem-nos o tesouro de simpatia tanto quanto nossa incompreensão adquire número crescente de desafetos.

Nossa perseverança no dever bem cumprido transforma-se em jubilosa prosperidade ao redor de nossos passos, enquanto que a preguiça, com a indiferença pelas obrigações que o mundo nos confere, depressa, transubstancia-se em penúria e enfermidade, na senda em que jornadeamos.

Habitua-te a procurar espinhos na vida alheia e viverás com um espinheiro no coração.

Procura as pedras da estrada e em pouco tempo respirarás num deserto empedrado.

Busca, no entanto, as boas qualidades do vizinho, e sublime compreensão coroar-te-á a cabeça.

Empenha-te na identificação do melhor, na teia de circunstâncias da vida, e reconhecerás, em todos os acontecimentos de cada dia, a harmoniosa Vontade de Deus, conduzindo-te à paz.

Não nos esqueçamos de que a Lei Divina

expressa-se em nós, conosco e por nós, em todos os momentos da nossa existência.

Dela receberemos felicidade ou sofrimento, luz ou treva, ânimo ou desalento, gelo ou calor, segundo as nossas próprias requisições no uso dos talentos que o Senhor situou em nossas mãos.

Aprendamos a semear o trigo da boa vontade com todos, onde estivermos, na certeza de que, movimentando no Infinito Bem os recursos que nos foram emprestados na Terra, estaremos amealhando a nossa riqueza imperecível para a glória celestial.

Chico Xavier

4

Comecemos hoje

André Luiz

NÃO DIGA QUE VOCÊ PRATICA AS LIÇÕES DO Evangelho, ante a luz do Espiritismo, simplesmente por lhe debater os problemas.

A palavra edificante é uma Bênção do Céu, mas há sonâmbulos do verbo notável, sem serem loucos. Falam de maneira brilhante, embora dormindo.

E todos podemos sofrer semelhante calamidade.

Em nosso testemunho de aplicação com Jesus, é preciso fazer algo.

Acorde, pois, trabalhando.

Lembre-se de que o próximo espera por seu auxílio.

Mexa-se, de algum modo, para ajudar.

Pinte, com o próprio esforço, a casa onde você mora, dando-lhe aspecto mais agradável.

Lave a louça da mesa que o serviu.

Limpe uma ferida que sangra.

Apare as unhas de um paralítico.

Guie um cego na praça pública.

Garanta a higiene, onde você estiver.

Acomode o próprio corpo com atenção, de maneira a não incomodar o vizinho, no veículo de condução coletiva.

Carregue uma criança de colo para que essa ou aquela mãezinha fatigada descanse por alguns minutos.

Costure para os necessitados.

Dê um café aos filhos do infortúnio.

Distribua, com alegria, as sobras da refeição.

Antes que apodreça, entregue a roupa supérflua ao companheiro andrajoso.

Reparta o pão com o menino infeliz que, muitas vezes, observa-lhe o conforto pela vidraça.

Plante uma árvore útil.

Enderece uma gentileza aos amigos, procurando ocultar-se.

Estenda braços fraternos, ainda mesmo por um simples momento, aos que forem surpreendidos pela enfermidade, na rua.

Adquira um comprimido balsamizante para o irmão que acuse dor de cabeça.

Faça o favor de transportar espontaneamente os pequeninos fardos que pesam nas mãos alheias.

Confie um livro nobre à circulação no ambiente doméstico.

Ofereça uma flor ao enfermo.

Preste, com bondade, a informação que lhe solicitam.

Dê alguns cruzeiros em favor das boas obras, sem a preocupação de fiscalizar.

Comecemos agora.

Não creia que o barulho de fora consiga despertar-nos

Ante a pressão externa, mais se esconde a tartaruga na carapaça.

Entretanto, o ruído de nossas próprias mãos no trabalho construtivo renova-nos a mente.

Hoje, você enriquece o serviço do senhor, com alguma cousa.

Amanhã, porém, o serviço do Senhor será tesouro crescente em seu caminho.

5

Serve e encontrarás

Emmanuel

Examina a natureza que te cerca no mundo.

Tudo é riqueza e esforço laborioso por assegurá-la.

O solo ferido pelo arado é berço prodigioso da produção.

A árvore, mil vezes dilacerada, orgulha-se de sofrer e ajudar sempre mais.

A fonte, superando os montões de seixos, pouco a pouco, alcança o grande rio, a caminho do mar.

Algumas sementes formam a base de preciosa floresta.

Pedras agressivas se convertem nas obras-primas da estatuária, quando não vertem do solo a faiscante beleza do material de ourivesaria.

Animais humildes, padecendo e ajudando, garantem o conforto das criaturas contra a intempérie ou alimentam-lhes o corpo, sustentando-lhes a existência.

A pobreza é simples apanágio do homem – do homem enquanto se refugia, desassisado, na furna da ignorância.

Somente a alma humana distanciada do conhecimento superior assemelha-se a um fantasma de angústia, penúria e lamentação...

Se podes observar o patrimônio das bênçãos celestiais no caminho em que evoluis, procura o teu lugar de trabalho e serve infatigavelmente ao bem para que o bem te ensine a ver a fortuna imperecível que o Pai te concedeu por sublime herança.

Serve aos semelhantes, ajuda a planta e socorre

o animal; seja a tua viagem, por onde passes, um cântico de auxílio e bondade, de harmonia e entendimento...

E, à medida que avançares na senda de elevação, encontrar-te-ás cada vez mais rico de amor, encerrando, no próprio peito, o tesouro intransferível da luz que te abençoará com a felicidade inextinguível, em plenitude da Vida Triunfante.

Chico Xavier

6

Conversa com Jesus

Maria Dolores

Senhor! Não lastimamos tanto
Contemplar no caminho a penúria sem nome,
Porque sabemos que socorrerás
Os famintos de pão e os sedentos de paz;
Dói encontrar na vida
Os que fazem a fome.

Ante aqueles que choram
Não lamentamos tanto,
Já que estendes o braço
Aos que gemem de angústia e de cansaço;
Deploramos achar nas multidões do mundo
Os que abrem na Terra as comportas do pranto.

Não lastimamos tanto os que se esfalfam
Carregando a aflição de férrea cruz,
De vez que nós sabemos quanto assistes
Os humildes e os tristes;
Lastimamos os cérebros que brilham
E sonegam a luz.

Não deploramos tanto os que suportam
Sarcasmo e solidão na carência de amor,
Porquanto tens as mãos, hora por hora,
No consolo e no apoio a todo ser que chora;
Lamentamos fitar os amigos felizes
Que alimentam a dor.

É por isso, Jesus, que nós te suplicamos:
Não nos deixes seguir-te o passo em vão,
Que o prazer do conforto não nos vença,
Livra-nos de tombar no pó da indiferença...
Inda que a provação nos seja amparo e guia,
Toma e guarda em serviço o nosso coração.

Chico Xavier

7

Resposta do Alto

Emmanuel

... RECONHECIDA A VERDADE DE QUE NOSSO Pai Celestial responde aos bons corações, através dos corações que se fazem melhores, não olvidemos a nossa possibilidade de servir na condição de valiosos instrumentos da Divina Bondade.

Nós que somos tão apressados e tão pródigos no "pedir", lembremo-nos de que podemos também dar.

Auxiliemos a Divina Providência no abençoado serviço de intercâmbio.

Ninguém pode contar com a felicidade perfeita

num círculo de recursos puramente materiais: no entanto, toda vez que derramarmos o coração em favor de nossos semelhantes, semearemos a verdadeira alegria.

Todos podemos, em nome do Senhor, responder às rogativas dos que lutam e sofrem mais do que nós mesmos.

Uma visita ao doente é sagrado recurso da fraternidade ao que suplica a assistência do Céu, em desespero.

A desculpa sincera é uma bênção de alívio para quem sofre o peso da culpa.

Um gesto de carinho é plantação de simpatia na terra escura da alma que se arrojou aos precipícios da revolta ou da incompreensão.

Um sorriso amigo é uma resposta de bom ânimo e de amizade, refundindo as forças daquele que está prestes a cair.

Recorda que o Senhor espera por tua vontade, por teus pensamentos, por tuas palavras e por teus braços a fim de responder com a paz e com a esperança aos que te cercam.

Ainda que tudo seja aspereza e secura em torno de teus pés, ama sempre.

Através da corrente viva do amor, em teu coração, interpretarás a cooperação do Céu para os que te acompanham e receberás, constantemente, as respostas do Alto aos teus próprios problemas.

Chico Xavier

8
Elevação espiritual

Albino Teixeira

A ELEVAÇÃO ESPIRITUAL NÃO SE NOS INCORPORA à vida:

nem pela prosperidade;

nem pela carência;

nem pelo renome;

nem pela obscuridade;

nem pela cultura intelectual;

nem pela insipiência;

nem pela autoridade humana;

nem pela condição de subalternidade;

nem pelo ajustamento à vida considerada normal;

nem pelos conflitos psicológicos que se carregue;

nem pelos amigos;

nem pelos adversários;

nem pelo apoio do elogio;

nem pelo desapreço da injúria.

A elevação íntima depende unicamente de nossa reação pessoal ao aceitar e usar para o bem tudo isso.

9

Tudo claro

Antônio Americano do Brasil

DEPOIS DA MORTE, NÃO É O ESPETÁCULO GRANdiloquente dos mundos que te assombrará o espírito redivivo; por mais que se deslumbre a criança num palácio de maravilhas, não se verá exonerada da imposição do crescimento.

Tudo é sequência nos trilhos do Universo...

Não terás a maior revelação na luz de Sírio ou na paisagem de Júpiter...

A surpresa estarrecedora flui de nós mesmos.

Na contemplação do que fomos e somos...

Sem subterfúgios...

Sem máscaras...

Sem mentiras...

Tudo lógico, tudo vivo, tudo claro.

Enquanto nos sobrepuja a natureza animal, nossa mente rasteja na argila vil, e, em razão disto, havemos de sujeitar-nos a reiteradas experiências no campo físico, em obediência às leis que presidem a vida vegetativa.

Quando, porém, a existência nos propicia o ensinamento superior, por se nos ter a tal ponto modificado a estrutura anímica em onda de frequência já mensurável, a nossa mente, cada vez com maiores responsabilidades, projeta-se em linhas de força de nitidez crescente.

As emissões do presente aclaram-nos o pretérito, que, então, pode ser fotografado num segundo.

Através do hoje, ressurge o ontem...

A existência no corpo de carne é a chapa negativa.

A morte é o banho revelador da verdade,

porque a vida espiritual é a demonstração positiva da alma eterna.

Se inutilmente recebemos a lição renovadora do amor, com possibilidades inúmeras para a execução dos desígnios do Senhor entre as criaturas, retendo, em vão, os dons celestes do reconhecimento, então, ai de nós!

Porque a justiça nos pedirá contas...

Porque a fé nos arguirá...

E porque a realidade nos falará duramente...

Não olvides que em nós mesmos reside a luz imperecedora que em nosso caminho fará tudo claro, quando a nossa consciência, já esclarecida e responsável, vê-se desnuda pelo sopro da desencarnação...

Chico Xavier

10
No caminho terrestre

Casimiro Cunha

Espírito reencarnado
No corpo que te contém,
Ante as provas necessárias,
Espera fazendo o bem.

Se aguardas tranquilidade
Na luta que te advém,
Em qualquer lance da estrada,
Espera fazendo o bem.

Exerces muitos encargos,
Sem apoio de ninguém...
Não te queixes, nem reclames,
Espera fazendo o bem.

Sobre a tarefa em que vives,
Muita pedra sobrevém,
Sê fiel à obrigação,
Espera fazendo o bem.

Calúnia veio ferir-te,
Sem que se saiba de quem,
Não somes forças das trevas,
Espera fazendo o bem.

Padeces desilusão,
Sarcasmo, insulto, desdém...
Não permutes mal por mal,
Espera fazendo o bem.

Lamentas pesares, golpes,
Choras o escárnio de alguém,
Tristeza não edifica,
Espera fazendo o bem.

Alguém te falou com mágoa
Do lodo que o mundo tem,
Contempla o céu, fita o Sol...
Espera fazendo o bem.

Se queres felicidade
Na Terra e no Mais Além,
Não te afastes do serviço,
Espera fazendo o bem.

Deus é Pai Justo e Perfeito,
Dá tudo e nada retém,
Se anseias vida mais alta,
Espera fazendo o bem.

Chico Xavier

11
No templo da carne

Emmanuel

O CORPO FÍSICO É SEMPRE O EQUIPAMENTO DE ação que o espírito – romeiro do progresso – é capaz de receber com proveito, consoante as necessidades e méritos que lhe caracterizam a experiência.

Qual acontece na esfera humana, em que se atribuirá a cada criatura o instrumento que possa manejar para o bem comum, cada espírito, em se materializando na Terra, usa o veículo carnal que lhe seja adequado à luta imprescindível.

Entre os homens, não se confiará o leme da usina elétrica ao adolescente irresponsável, nem se colocará o explosivo, destinado a cinzelar as formas da natureza, nas mãos da criança, incapaz de lhe apreender o perigo.

Ninguém se lembrará de entregar o tesouro da coletividade ao delinquente que a penitenciária recolhe, nem se dará o tribunal à cabeça do analfabeto.

Assim é que, na reencarnação, cada alma detém os recursos que mereceu.

É por isso que, embora identificados na espécie, não existem dois corpos humanos perfeitamente iguais.

A justiça funciona para cada ser, na pauta dos prêmios que conquista ou dívidas que amontoa.

Conserva em tua vestimenta de carne, acima de tudo, o uniforme de trabalho que o Senhor te concede à vida para que te refaças do passado obscuro na direção de luminoso porvir.

Ainda mesmo agravado de achaques ou deformado por dolorosas mutilações, incompleto ou enfermiço, aleijado ou desagradável à vista, teu corpo é bênção de Deus em teu próprio favor, buril com que te cabe aprender e servir, sofrer e lutar, dignamente, aprimorando a própria alma que, um dia, se quiseres viver no padrão de Jesus, comparecerá, liberada em pleno Céu, na condição de obra-prima.

Chico Xavier

12

Prece antes e depois

Emmanuel

ANTES DE OBSERVAR A PRESENÇA DO MAL, roga ao Senhor para que teus olhos se habituem à fixação do bem, a fim de que depois não se te converta a oração em requerimento desesperado.

Antes de assinalar a frase caluniosa ou irrefletida, pede ao Senhor para que teus ouvidos saibam escutar para o auxílio fraterno, a fim de que depois não se te transforme a prece em apelo sombrio.

Antes de caminhar na direção do poço em que se adensam as águas turvas da crueldade, implora ao Senhor para que teus pés se mantenham na movimentação do trabalho digno, a fim de que depois não se te transfigure a petição em grito blasfematório.

Antes de considerar a ofensa do próximo, solicita ao Senhor te ilumine o coração para que saibas exercer a caridade genuína do entendimento e do perdão sem reservas, a fim de que depois não se te expresse a rogativa por labéu de remorso e maldição.

Todos fazemos preces, depois que o sofrimento nos convoca à expiação regenerativa, quando o processo de nossas defecções morais já coagulou em torno de nosso espírito o cáustico da aflição com que havemos de purificar os tecidos da própria alma.

Todavia, quão raras vezes oramos antes da luta, vacinando o sentimento contra a sombra da tentação!...

Saibamos louvar a Bondade e a Sabedoria de Deus em todos os passos da vida, rendendo graças pela flor e pelo espinho, pela facilidade e pelo obstáculo, pela alegria e pela dor, pela fartura e pela carência.

Agradecendo ao Céu as lições diminutas de cada instante da marcha, aprenderemos a tecer com as pequeninas vitórias de cada dia o triunfo sublime que, na grande angústia, erguer-nos-á para a alegria soberana capaz de nos levantar para sempre à plena luz da imortalidade.

Chico Xavier

13

No rumo do porvir

Nina Arueira

REÚNE OS GRILHÕES QUE TE ENCADEIAM À tristeza ou ao pessimismo e arroja-os ao braseiro do amor.

Deixa que o lume da fraternidade extermine em teu mundo íntimo as recordações em torno dos golpes que te feriram, das palavras que te laceram o coração...

Lembra-te das flores que desabrocham sobre as ruínas.

Recorda as árvores que se erguem, vitoriosas, sobre o espinheiro.

Elas perfumam o pântano e procuram o céu.

Há pessoas que conservam da vida somente as reminiscências amargas, solidificando as cadeias da aflição nos próprios pulsos, como se devêssemos transportar conosco o cesto de lixo que a higiene pública determina seja lançado ao esquecimento.

Quem acredita no bem e confia-se ao mal é semelhante ao pássaro que, conscientemente, mutilasse as próprias asas.

Acende a lâmpada de teu coração e segue à frente...

Os que caíram nas sombras reerguer-se-ão aos teus sinais.

Os que tombaram fatigados ressuscitarão, à claridade de tua esperança.

Não receies.

Não te perturbes.

Não desanimes.

É doce marchar no clima abençoado de companheiros que nos entendam, mas, se estiveres sozinho, avança mesmo assim.

Quem segue com Jesus pode conhecer a soledade, jamais o abandono.

O ideal do bem é a tua força.

Serve a todos e a vitória começará em ti mesmo.

Para que a incompreensão se entrincheire em forma de mentiroso poder, quase sempre, é necessário que milhões de homens se aniquilem uns aos outros, mas, para que o amor fosse trazido ao trono dos corações humanos, bastou o sacrifício de Um Só. Sigamos com Ele, nosso Mestre e Senhor, e alcançaremos a Alvorada Divina da Eterna Sublimação.

Chico Xavier

14
Buril de luz

Maria Dolores

Em teus dias de dor,
Recorda, alma querida,
Que a dor é para a vida
Aquilo que o buril severo e contundente,
Entre as mãos do escultor,
É para o mármore sem forma...

Golpe aqui, golpe ali, outro mais e mais outro,
Um corte de outro corte se aproxima,
E o bloco se transforma
Em celeste beleza de obra-prima.

Que seria da pedra abandonada ao chão,
Triste, bruta, singela,
Se a vida não traçasse para ela
Planos de construção?

Que destino o da argila esquecida e vulgar,
Sem a temperatura desumana,
Que deve suportar
Para ser porcelana?

Enxergaste, algum dia,
Fora das leis da natureza,
O trigo que não fosse triturado
Para ser pão à mesa?

Se alguém te fere e humilha, ama, entende, perdoa
E agradece ao trabalho, a angústia e a prova,
Em que a vida imortal se nos renova,
No anseio de ascensão que nos guia e abençoa...
Alma querida, escuta!...
Para seguir à frente,
Em plena elevação,

Sempre mais alta e linda,
Quem não chora, não serve e nem padece ou luta,
Parece tão-somente
Um ser espiritual em formação,
Que não nasceu ainda...

Chico Xavier

15

Figurino

Scheilla

À MEDIDA QUE SE LHE ALTEIA O PADRÃO CUL-
tural, preocupa-se a pessoa humana com o próprio
aspecto.

É preciso impressionar de maneira agradável.

E a moda entra em ação para lhe solucionar o
problema.

Movimentam-se alfaiates e modistas, lojas e
gabinetes, agulhas e trenas para o mister da costura.
Confecção simples e alta confecção.

Surgem as criações para inverno e verão, outono

e primavera, em linhas especiais segundo as sugestões de tempo e clima.

Combinações e negócios felizes, no mundo, quase sempre se realizam conforme as credenciais do figurino e, por isso, homens e mulheres capricham no concurso de esbeltez e elegância que levam a efeito, cotidianamente, nas ruas.

Não nos esqueçamos, porém, de que somos igualmente observados no reino da verdade, através do porte espiritual que adotamos.

Nossos pensamentos são as criações de que se nos veste a personalidade autêntica e, por eles, somos conhecidos, vistos, ouvidos e analisados na Vida Superior, cabendo-nos o dever de buscar em Jesus o modelo das nossas atitudes e decisões.

Nos círculos terrestres, os requerimentos à autoridade humana, para serem considerados, reclamam primor de apresentação. E, no Mundo Espiritual, muitas vezes, depois dessa ou daquela petição aos Administradores Celestes, temos ouvido, de coração opresso:

– Filha, repare seu figurino.

16

Em desobsessão

Emmanuel

Imagina-te perdido, longe de casa, em noite de temporal.

Por fora, a sombra espessa se te afigura povoada de monstros, enquanto as vozes da natureza se assemelham a clamor desarticulado de aflição e loucura...

De instante a instante, cambaleias no charco, golpeado pelo chicote da ventania...

E, por dentro, assinalas o pavor do desconhecido e o temor de retroceder.

Gritas e choras, acabando identificado por viajantes do desespero no quadro estarrecedor...

No entanto, de improviso, surge doce refúgio que a luz banha sublime...

E nesse lar de amor encontras agasalho, conforto, lume e pão.

Então, compreenderás que um templo de socorro, aberto aos corações que a morte conturbou, é uma porta do Céu e uma bênção de Deus.

17

Esquecimento

Emmanuel

NÃO TE REBELES CONTRA O ESQUECIMENTO EM que te mergulhas na experiência da Terra, e aprende a valorizar o minuto para materializar o bem, assim como o tecelão aproveita o fio para fazer a própria vestidura.

Sob a neblina da carne, reencontramo-nos pontualmente uns com os outros para corrigir e sublimar.

A consanguinidade, por isso mesmo, quase sempre é o bendito santuário do reajuste.

Aí dentro, nos altares invisíveis do coração, é possível desculpar sempre, ajudar sem repouso e repetir suaves lições de humildade, a fim de que nossa alma se desenfaixe de pesados compromissos com as sombras.

Não te preocupes se a memória anestesiada pela Misericórdia Divina se revela incapaz de reconhecer os adversários e as afeições de ontem.

Em ti mesmo, por tuas tendências e princípios, sabes quem foste. E, em teu lar, pelos conflitos e necessidades que a experiência doméstica te apresenta, sabes o que deves.

Somos ainda o reflexo do que somos.

Obtemos do mundo o que merecemos.

Desse modo, saibamos retificar o passado, com a observância do bem, nas horas do presente, e o porvir responder-nos-á com a seara de amor e luz, paz e alegria que nos propomos alcançar.

A luta terrestre é campo imenso, em cuja superfície podemos projetar as sementes da bondade, todos os dias.

Comecemos, porém, pelo canteiro de casa.

Nossos pais e nossos filhos, o esposo e a esposa, o irmão e o amigo são leiras de espiritualidade, esperando por nossas demonstrações de concurso fraterno.

Não olvides a aplicação dos ensinamentos de Jesus por onde segues, e o esquecimento transitório da vida física surgir-te-á como sendo a ponte bendita de acesso à sublimação integral.

Chico Xavier

18
Enviados de Cristo

Irene Souza Pinto

Esse triste companheiro,
Cujo passo te procura,
Ralado de desventura
Que não sabes de onde vem...

Esse pedinte arrasado
Por dores desconhecidas,
Emaranhado em feridas,
Sem proteção de ninguém...

Esse amigo que lastima
A própria ação rude e cega
No cárcere que o segrega
Para reforma e pesar...

Esse irmão largado à noite,
De olhar magoado e profundo,
Que roga debalde ao mundo
O doce calor de um lar...

Essa mendiga que estende
Pobre mão encarquilhada,
Cuja penúria na estrada,
Ninguém na Terra traduz...

Esse doente cansado,
Que se lamenta sozinho,
Abandonado ao caminho,
À míngua de paz e luz...

Essa mãe de filho ao peito,
Que em lágrimas se consome,
Às vezes, com febre e fome,
Rogando socorro em vão...

Essa criança assustada,
Que chora sem rumo certo,
Flor atirada ao deserto,
Anjo na cruz da aflição...

À frente desses amigos
Que o sofrimento encarcera,
Corações em longa espera,
Recordai o "NÃO JULGUEIS"...

Eles não pedem censura.
Mostrando a necessidade,
Ensinam que a caridade
É a lei de todas as leis!...

Esses irmãos quase mortos!...
Eis que o Céu nô-los envia,
Na estrada do dia a dia,
Para as lições do Senhor!...

Saibamos ressuscitá-los
Da morte em sombra na prova,
Doando-lhes vida nova
Na escola viva do amor!...

Chico Xavier

19
Um momento

André Luiz

ANTES DE SE NEGAR AOS APELOS DA CARIDADE, medite um momento nas aflições dos outros.

Imagine você no lugar de quem sofre.

Observe os irmãos relegados aos padecimentos da rua e suponha-se constrangido a semelhante situação.

Repare o doente desamparado e considere que amanhã provavelmente seremos nós candidatos ao socorro na via pública.

Examine o ancião fatigado e reflita que, se a

desencarnação não chegar em breve, não escapará você da velhice.

Contemple as crianças necessitadas, lembrando os próprios filhos.

Quando a ambulância deslize rente ao seu passo, conduzindo o enfermo anônimo, pondere que talvez um parente nosso extremamente querido encontre-se a gemer dentro dela.

Escute pacientemente os companheiros entregues à sombra do grande infortúnio e recorde que, em futuro próximo, é possível estejamos na travessia das mesmas dificuldades.

Fite a multidão dos ignorantes e fracos, cansados e infelizes, julgando-se entre eles, e mentalize a gratidão que você sentiria perante a migalha de amor que alguém lhe ofertasse.

Pense um momento em tudo isso e você reconhecerá que a caridade para nós todos é simples obrigação.

20
Sempre mais

Emmanuel

OBSERVAI A NATUREZA E COMPREENDEREIS A lição evangélica do "sempre mais".

Quanto mais se humilha a fonte nas profundezas do solo, mais recebe os fios d'água, transformando-se em grande rio.

Quanto mais se ajusta o combustível, mais alastra o fogo devastador.

Quanto mais se demora o lodo no chão, mais se estende em derredor.

Assim também, no campo de nossa vida moral, teremos sempre mais daquilo que produzimos.

Confiemo-nos à leve sombra de tristeza e, a breve tempo, padeceremos infinito desânimo.

Fujamos à fraternidade e a solidão viverá conosco.

Rendamo-nos às tentações de rebeldia e a cólera explodirá, por dinamite invisível da morte, em nosso veículo de manifestação.

Neguemos entrada ao amor em nossa alma e o ódio cristalizar-se-á, violento, em nosso mundo íntimo.

Adiemos o nosso aprendizado para o futuro e, amanhã, nossa ignorância se fará mais pesada.

Fixemos os defeitos do próximo e acordaremos no espinheiro da maledicência.

Um gesto de simpatia convocará a solidariedade em nosso favor.

Estendamos a luz da boa vontade a alguém e o auxílio de muitos virá em nosso encontro.

Tudo é sintonia no Universo.

Tudo se encadeia na vida, segundo as origens dos nossos sentimentos, ideias, palavras e ações.

Não te esqueças de que a Lei te conferirá, em dobro e "sempre mais", de acordo com aquilo que desejas e produzes.

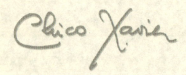

21

Mudança de plano

Emmanuel

NÃO ESPERES PELA MORTE DO CORPO PARA realizar o serviço da própria elevação.

Cada dia é oportunidade de ascensão ao melhor.

Cada tarefa edificante é degrau com que podemos subir às esferas superiores.

Todos respiramos em planos distintos e todos podemos alcançar horizontes mais altos.

Se te habituaste à irritação, cultiva o silêncio e a tolerância com os quais te desvencilharás dos laços sombrios da cólera, penetrando os domínios da luz.

Se acalentas a disposição de comprar inimigos, através de atitudes impensadas, detém-te na serenidade e aprende a servir aos desafetos, alcançando, assim, o reino brilhante da simpatia.

Se ainda te debates nos desvãos da ignorância, não te esqueças do esforço na leitura sadia e edificante para a aquisição do conhecimento e da sabedoria.

Se respiras no resvaladouro da queixa, esquece a ociosidade e o desânimo e, erguendo-te para o trabalho digno, consagra-te ao suor enobrecente a fim de incorporares ao próprio patrimônio espiritual o otimismo e a paz, o bom ânimo e a alegria.

Há milhões de "círculos de vida" dentro de nossa residência planetária.

Cada criatura vive na faixa de sentimento a que se ajusta.

O verme agarra-se à escuridão do subsolo.

O batráquio mora no charco.

A ave plana e canta na altura.

A chama envolve-se nas emanações da luz que irradia.

Assim também, cada alma reside na esfera de ideal que forma para si mesmo com o próprio pensamento.

Quem deseje um mundo melhor pode avançar, pelo trabalho e pela boa vontade, no roteiro da ascensão, desde hoje.

Chico Xavier

22

Consanguinidade

Emmanuel

Recebes no lar a herança do passado, com a qual reestruturas o próprio destino na direção do futuro.

É aí, no cadinho fervente das reações espirituais intensivas, que se nos exercita o coração para servir à família maior, a estender-se na Humanidade.

Recorda que, entre as quatro paredes da organização doméstica, recolhes os desafetos mais profundos para transformá-los em sagrados depósitos afetivos, sob o selo do esquecimento com que a lei do senhor socorre a vida física.

O Cristo reúne, nos mesmos laços de sacrifício, aqueles que se algemaram no pretérito a delitos obscuros e ajuda-os no resgate das faltas perpetradas em comum, sustentando-os nos conflitos purificadores que tantas vezes surgem, estranhos e contundentes, nos elos da consanguinidade.

Se possuis ao teu lado alguém que se constitua num fardo vivo a carregar, compadece-te e ajuda sempre.

Todos nós, quando no mundo, recebemos a imposição de auxiliar aqueles que, retardados na senda evolutiva, esperam de nosso esforço a migalha de luz que os arrebatará ao domínio das trevas.

Se foste defrontado, contrariamente aos teus sonhos, por familiares que não se harmonizam com o teu modo de ser, lembra-te de que o credor antigo comparece em tua casa, reclamando-te pagamento.

Se surpreendes, naqueles em que depunhas a melhor esperança, modificações que te envolvem nas inquietantes vibrações do desapontamento e da amargura, silencia, desculpa e segue adiante, amparando-os como puderes.

Não valem a deserção das obrigações regeneradoras ou a fuga da renunciação ao áspero serviço que nos cabe atender, porque amanhã a vida constranger-nos-á, de novo, a regressar ao cálice de fel menosprezado, a benefício de nossa própria cura.

Ama aqueles que o Senhor te confiou quais são e não como desejarias tu fossem eles, porque, pelos teus votos bem cumpridos, encontrarás o caminho do acesso à sublime comunhão nas alegrias de tua família espiritual.

Chico Xavier

23
Erros de amor

Maria Dolores

Ante os erros de amor que aparecem na vida
Nunca ergas a voz.
Recorda, coração, se a pessoa acusada
Fosse qualquer de nós.

Quem poderá pesar as circunstâncias
De convivência, angústia e solidão!...
Quanta mudança chega de improviso
Por um "sim", por um "não"!...

Entre afeto que sonha e dever que governa,
Quanto conflito surge e quanto anseio vem!...
Quando a dor de ser só escurece o caminho,
Ninguém pode prever as lágrimas de alguém...

Votos no esquecimento, afeições destruídas,
Ocultas aflições, desencantos fatais!...
Quanto chora quem sofre, ante golpe e abandono,
E quem bate ou despreza, às vezes, sofre mais.

Ante as faltas de amor, alma querida,
Não te dês à censura sempre vã,
Que o teu dia de amor incompreendido
Talvez chegue amanhã.

Problemas de quem ama, em luta e prova,
Sejam teus, sejam meus...
Quem os conhecerá desde o princípio?...
Quem os verá?... Só Deus.

24

Diante da rebeldia

Emmanuel

QUANDO O ESPÍRITO DE REBELDIA SE TE APRO-
xime do coração, segregando frases como estas: "não
adianta fazer o bem" ou "não mereces sofrer", aguça
os ouvidos da própria alma para que possas recolher
as grandes vozes inarticuladas da vida.

No alto, constelações que te habituaste a ad-
mirar, dizem-te no pensamento: antes que o teu raciocínio nos visse a luz, já obedecíamos ao Supremo
Senhor para servir", enquanto que a Terra te afirma-
rá: "não és mais que um hóspede dos milhões que
carrego há milênios". Em torno de ti a árvore falará:

"esforço-me de janeiro a dezembro a fim de dar os meus frutos por alguns dias, em nome do Criador, entretanto, além disso, preciso tolerar o rigor ou a diferença das estações, aprendendo a memorizar". E o animal te confessará: "vivo debaixo do teu arbítrio e fazes de mim o que desejas, por séculos e séculos, porque devo sofrer-te as ordens, sejam quais sejam, para que eu possa, um dia, sentir como sentes e pensar como pensas".

Medita na tolerância maternal da natureza que transforma o carvão em diamante, através de décadas e décadas de silêncio, e traça caminho na pedra usando a persistência da gota d'água.

Contempla a peça de aço polido e reflete em que ela jamais seria o que é sem os golpes do fogo que lhe ajustaram os elementos, e, quando sacies a própria fome, dedica um instante de reconhecimento ao pão de que te serves, recordando que nunca lhe terias a bênção se a humildade não lhe caracterizasse a tarefa.

Não interpretes a disciplina por tirania e nem acuses a obediência de escravidão.

Trabalha e serve com alegria.

Oferece à paz de todos o concurso que a harmonia te pede.

Rebeldia é orgulho impondo cegueira ao coração.

Não há progresso sem esforço, vitória sem luta, aperfeiçoamento sem sacrifício, como não existe tranquilidade sem paciência.

Reflete na Infinita Bondade que preside o Universo, a nos cercar de amor, em todas as direções, e reconheceremos que, se transformações dolorosas, no campo da existência, muita vez nos transfiguram em crisálidas agoniadas de aflição, ao impacto das provações necessárias, a dor é o instrumento invisível de que Deus se utiliza para nos converter, a pouco e pouco, em falenas de luz.

Chico Xavier

25

Presença de Jesus

Maria Dolores

Afirmas, muita vez, alma querida,
Em fervorosa prece:
– "Quero, Jesus, servir e cooperar contigo!...
Ah! Senhor, se eu pudesse!..."

Depois, declaras-te sem forças;
Pensa, entretanto, nisto:
Podes ser hoje mesmo, onde estiveres,
A sublime extensão da bondade de Cristo!...

Fita a sobra da mesa que te ampara:
Utilizando um pão, simples embora,
Consegues replantar as flores da alegria
Na penúria que chora.

Considera o montão de bens que atiras longe
Sem sentir, sem pensar, inconsequentemente:
Descobrirás nas mãos o privilégio
De estender reconforto a muita gente.

Lembra a moeda, tida por singela:
Escorada na fé que te bendiz,
Transforma-se na xícara de leite
Que socorre e refaz a criança infeliz.

Detém-te nos minutos disponíveis:
Ao teu devotamento se farão
A visita, a bondade, o carinho e consolo
Para o enfermo largado à solidão.

Trazes contigo os dotes da brandura:
Ante os golpes do ódio explosivo e violento,
Guardas a faculdade de extinguir
O fogo da revolta e o fel do sofrimento.

Observa o tesouro da palavra:
Se envolvida de paz, a tua frase alcança
Todo aquele que cai na sombra da tristeza
Para erguer-se de novo ao toque da esperança.

Não te digas inútil, nem te omitas...
A trabalhar, servir, amparar, recompor
Serás, alma querida, em qualquer parte,
A presença de Cristo em teu gesto de amor.

Chico Xavier

26

Entre hoje e amanhã

Emmanuel

REFLETE NO COMPANHEIRO QUE CHEGA CANsado e desiludido a esmolar-te simpatia e consolo.

Sabes talvez, nas mínimas particularidades, tudo o que lhe terá ocorrido. Provavelmente conheces que se trata de alguém, carregando os grilhões da culpa. Alguém que sobraça pesada carga de remorsos a lhe atenazarem o coração.

Mentaliza, no entanto, o que faria Jesus se procurado por ele: ouvi-lo-ia com generoso interesse, descobrir-lhe-ia algum tópico de bondade ou saberia destacar-lhe essa ou aquela qualidade elogiável, de modo a descerrar-lhe alguma porta mental de bom ânimo, auxiliando-o a caminhar para a frente.

Diante dos irmãos que te busquem, solicitando conforto depois de quedas e desenganos, não te disponhas à condenação ou censura.

Pensa no bem que haverão feito, nos impulsos nobres que lhes presidiram os atos, e renova-lhes a confiança em si mesmos.

Compadece-te, sobretudo, daqueles que se demoram nos problemas da culpa sem possibilidades imediatas de solução.

Não necessitas reprovar-lhes diretriz e conduta.

Eles já se reconhecem marcados por dentro a fogo de angústia e não te procuram para que lhes agraves a dor. Suplicam-te paz e refazimento, auxílio e apoio à própria libertação.

Recorda em quantas ocasiões teremos sido amparados pela bondade do Cristo de Deus que frequentemente nos toma o leve fio da intenção correta para transformá-lo em vigoroso apetrecho de socorro a nós próprios e não menospreze, seja a quem seja.

Importa ainda considerar que, muitas vezes, no campo da ocorrência que se reprove presentemente, nascerá o acontecimento que nos colherá louvor no futuro.

Além disso, nós todos, os espíritos em evolução nos climas da Terra, somos ainda portadores de imperfeições e deficiências por vencer, de permeio com obstáculos íntimos a serem necessariamente transpostos, com créditos e débitos, erros e acertos no livro da própria vida. E, por isso mesmo, em matéria de apoio espiritual, se hoje é o nosso momento de compreender e de dar, amanhã será talvez o nosso dia de pedir e de receber.

Chico Xavier

27
Nascer de novo

Cornélio Pires

Gritava Nhô Limundo, com braveza,
No antigo Fazendão do Rio Fundo:
"No meu sítio não quero vagabundo!..."
E punha fogo às choças da pobreza.

As mulheres clamavam: "Que tristeza!"
E os velhos: "Deus nos valha neste mundo!..."
Sem compaixão seguia Nhô Limundo
Fazendo fogaréu de palha acessa.

Mas o velho morreu... Estava louco,
Via fogo dos pés até no coco...
Rogou reencarnação quanto podia...

Hoje é feliz na Roça do Macaco,
Tem sossego, mas mora num barraco
Que pega fogo quase todo dia.

28

Na partilha do bem

Emmanuel

Não te detenhas a reclamar quando a oportunidade te faculta repartir.

Muitos estimarão a largueza da praça, deitando cáustico verbal sobre aqueles que se elevaram à responsabilidade da evidência pública ou fabulando negativamente em torno das ocorrências do dia, sem perceber que poderiam converter o próprio tempo em amparo aos semelhantes.

Caminharás, porém, no dever de servir.

Compreenderás que uma hora vazia é valor depredado na edificação do bem coletivo tanto quanto o pão desperdiçado é furto indireto à mesa daqueles irmãos que enfrentam a ameaça da fome.

Reconhecerás que a obrigação de repartir é lei universal para todas as criaturas.

Reparte o Sol os benefícios de suas forças, reparte a fonte os donativos de suas águas.

Divide igualmente os teus recursos, quaisquer que eles sejam, para multiplicar a felicidade comum.

Concederás um raio de luz da tua fé a cada um daqueles que a descrença conserva na noite do desânimo; transmitirás teus conhecimentos elevados aos companheiros que a ignorância congrega na sombra; estenderás o talento da coragem aos que perderam a esperança; partilharás teu dinheiro com as vítimas da penúria...

Farás mais ainda. Promoverás o teu enriquecimento moral na prática dos princípios superiores que assimilas e aumentarás a tua prosperidade a fim de repartir o bem, cada vez mais.

Não te voltes para trás para enumerar as rosas do louvor ou os espinhos da ingratidão.

Ajuda e segue adiante, na certeza de que basta o privilégio de oferecer aos outros o melhor do que és e o melhor do que fazes.

Muitos acusam ou se queixam.

Sê tu a voz que abençoa e a mão que auxilia.

E se alguém te reprova ou te não entende, serve mesmo assim, recordando que, adiante de nós, caminha sempre o Infinito Amor d'Aquele que é a vida de nossas vidas e que se oculta, incompreendido e silencioso, na sílaba única com que se nos apresenta sob o nome de Deus.

Chico Xavier

29

Palavras ao semeador

Carmen Cinira

Cultiva o bem e a paz na própria lida.

O mundo é um campo imenso aberto à vida.

Plantarás... colherás...

Tudo será, depois, como escolhemos,

O charco mais profundo ou os céus supremos,

A alegria ou a tristeza, a guerra ou a paz.

Repara, em torno de teus pés, a glória
Que te enriquece a senda transitória!...
É a seara de luz
Daqueles que, ajudando e abrindo os braços,
Traçaram, por amor para os teus passos,
O roteiro da fé que te conduz.

A luta é a escada enorme em que te elevas,
Além do sofrimento, além das trevas,
É o buril da aflição
Que, a golpes de amargura, te atormenta,
Em toda parte, é a santa ferramenta,
Que aprimora e redime o coração.

Não te detenhas! Crê, ama e confia.
Depois da noite há sempre um novo dia...
Louva o eterno esplendor!...
E, embora o gelo e a sombra, serve e espera,
Semeia agora a excelsa primavera
Dos teus sonhos de amor.

A vida que te segue e te rodeia
É a gleba sempre ativa e sempre cheia
De princípios do bem.
Cultivando a bondade doce e pura,
Acolherás os pomos da ventura,
Aqui, agora e além...

Aprende sem repouso e ama servindo
E o teu futuro brilhará mais lindo
Na beleza real.
Faze jorrar o Sol que te ilumina
E ceifarás, mais tarde, a luz divina
Na seara imortal!...

Chico Xavier

30

Imagens

Emmanuel

NÃO É SOMENTE O HOMEM QUE ESCREVE, A pessoa capaz de trazer monstruosas criações ao pensamento do povo, assim como não apenas o tribuno pode formar na mente alheia estados alarmantes de ansiedade e loucura.

Quantas vezes, nas tarefas cotidianas, traçamos nos outros destrutivas impressões de revolta e indiferença, com os nossos gestos impensados?

Quantas vezes nossa cólera terá gerado, naqueles que nos cercam, o desânimo e a frustração?

Em quantos pequeninos lances da luta diária,

damos pasto à calúnia e à maledicência, plasmando ideias que, hoje vagas e imprecisas, podem ser amanhã, decisivos fatores de perturbação e delinquência?

Longe de ponderar as responsabilidades que nos enriquecem o espírito, frequentemente descemos a questiúnculas e bagatelas infelizes, sugerindo a maldade e disseminando a aflição, agravando, assim, nossos débitos, consolidando as forças da ignorância e da crueldade, em desfavor de nós mesmos.

No altar de nossa fé e no campo da caridade que o Senhor nos deu a lavrar, recorda que responderemos pelas imagens que os nossos pensamentos, palavras e atos estabelecem na alma dos outros, tanto quanto os arquitetos se incumbem das construções que lhes obedecem aos planos.

E acordando para a luz que nos cabe acender na viagem da vida, não te esqueças da claridade de paz e bom ânimo, confiança e alegria que nos compete estender, na proteção aos que nos cercam, a fim de que possamos avançar livremente ao encontro da harmonia e do progresso, porque todas as nossas criações de pessimismo e indisciplina, desalento e amargura, em seus golpes de retorno, significarão para nós mesmos, penúria e dificuldade, infortúnio e provação.

Chico Xavier

31

Ilação espírita

Albino Teixeira

O IMPULSO DE ODIAR, QUANDO NÃO EXTIRPADO de nossa alma, será sempre fator de desequilíbrio.

Primeiramente, leva à grande perturbação.

Da grande perturbação, conduz à doença.

Da doença, transporta à agressividade exagerada.

Da agressividade exagerada, leva à delinquência potencial.

Da delinquência potencial, é capaz de sair para loucura e crime, angústia ou queda, pela fermentação da culpa.

E, na fermentação da culpa, o espírito pode atravessar muitos séculos em reencarnações de tratamento ou reajuste.

Capacitemo-nos de que não vale odiar, de nenhum modo, e em tempo algum, de vez que somos Espíritos eternos que Deus criou e não nos é lícito olvidar que Deus nos ama e sustenta, ampara e abençoa, promovendo recursos, tanto em nosso favor quanto em favor dos outros, até que todos atinjamos as fontes da perfeição e da alegria.

À face disso, toda vez que o impulso de odiar se nos reponte do ser, retornemos ao ensinamento do perdão, no Evangelho, e indaguemos de Jesus, nos recessos de nós próprios:

– Senhor, quantas vezes, por dia, devo mostrar amor aos meus semelhantes?

E a voz dele decerto se nos repercurtirá no imo do coração:

– Não digo que mostres amor tão-somente uma vez, mas setenta vezes sete vezes.

32

Roguemos auxiliando

Emmanuel

Nos serviços da oração, não nos limite-mos a pedir.

Roguemos auxiliando

Todos podemos ajudar.

Recorda que a proteção do Céu volve à Terra dinamizada de mil modos, através das forças da natureza.

O chão seco clama por auxílio e a fonte desliza a socorrê-lo.

Sofre o manancial com o rigor da canícula e a chuva desce solucionando-lhe os problemas.

Chora a planta esquecida e o adubo reconforta-a.

Suspira a árvore por ajuda e o orvalho precipita--se por remédio balsamizante.

Tudo na vida é interdependência, fraternidade, cooperação, amparo mútuo.

Não nos esqueçamos de que, em rogando assistência ao Pai Celestial, podemos colaborar com a Providência Divina, representando-a junto daqueles que sofrem mais que nós, afrontando obstáculos que nunca vimos.

Ninguém é tão pobre que não possa dar um pouco de alegria ao vizinho; que não possa distribuir pequeninas migalhas de tolerância com os familiares necessitados de compreensão, ou não possa oferecer alguma prece em favor do enfermo ou do agonizante.

Por toda parte, é possível observar a existência de gavetas atulhadas de roupa, que poderiam servir na substituição dos andrajos daqueles irmãos nossos, que sofrem o açoite do frio e do vento, e de cofres saturados de recursos e lembranças, cujos donos provavelmente serão, em breve, visitados pela morte e que inutilmente amontoam o que lhes é desnecessário...

Aprendamos a pedir, doando o que pudermos.

Roguemos amor, amando aos que nos cercam.

Imploremos o concurso do Céu, espalhando a solidariedade na Terra.

Não olvides a tragédia das águas estagnadas.

Enquanto o riacho, que serve a todos, corre feliz a caminho do mar, dando e recebendo, auxiliando e sendo auxiliado, o poço de água parada se converte em refúgio de vermes e monstros, disseminando, infeliz, o hálito da enfermidade e o escuro visco da morte.

Chico Xavier

33

Na construção da fé

Emmanuel

A GRANDE JORNADA COMEÇA DE UM PASSO.

Os grandes espetáculos de habilidade intelectual ou da resistência física alcançam iniciação justa na alfabetização e na ginástica.

A natureza jamais altera os princípios de sequência em que confere plena execução às Leis do Senhor.

Assim também, no campo espiritual da vida, é imprescindível recordar que nunca removeremos as montanhas da dificuldade fora de nós, sem superarmos as pedras que nos afligem por dentro.

Lembremo-nos de que o edifício mais complexo é formado de insignificâncias numerosas e saibamos erguer, tijolo a tijolo, as paredes do nosso santuário de confiança indestrutível.

Para isso, é preciso fixar as próprias forças no trabalho de nossa autoeducação, dia a dia, convertendo os pequeninos obstáculos de nossa vida interior em recursos de nosso aperfeiçoamento.

Nem sempre somos chamados às demonstrações públicas de cultura e sublimação, mas todos encontramos, no curso das horas incessantes, ocasiões de treinamento para a construção do templo da fé viva em nossa alma.

Tropeços escuros ameaçam-nos a ascenção do espírito.

Aqui, é a palavra contundente que nos fere ou magoa, ali é a ingratidão que nos visita na forma de impermeabilidade ou indiferença...

Agora, é a maledicência que nos tenta a leviandade, mais tarde, é a sugestão das trevas inclinando-nos à perturbação e ao crime...

Hoje, é o parente que se transforma em verdugo de nosso coração, amanhã, é o amigo que deserta de nossas melhores esperanças.

Aqui, é um diretor áspero e cruel, mais além, é um subordinado que nos induz à amargura e ao desespero...

Agora, é o desequilíbrio daqueles que mais amamos, depois, será a enfermidade, martelando-nos a resistência moral...

Indispensável amar, crer, esperar e tolerar sempre...

Guardemos serenidade e avancemos para adiante.

O mundo é casa de Deus, a humanidade é a nossa Família e o burilamento de nossa própria personalidade ainda é o trabalho essencial a fazer...

Edifiquemos a compreensão e a bondade dentro de nós, servindo, ajudando, elevando, esquecendo todo mal e, criando a simpatia e a cooperação ao redor de nossos passos, seremos surpreendidos pela claridade da fé que, à maneira de bênção do Céu, virá esclarecer-nos o coração, iluminando-nos a vida.

Chico Xavier

34

Todos podemos ajudar

Emmanuel

A CARIDADE NÃO É TRABALHO EXCLUSIVO DAquele que se encontra temporariamente detido na abastança material.

É, sobretudo, amor, auxílio, doação de si mesmo.

Todos podemos ajudar.

Se és rico de saúde, não te esqueças da palavra de estímulo ao doente.

Se a cultura intelectual te felicita o raciocínio, não olvides o irmão que reclama o teu concurso para se melhorar.

Se possuis a fé, ajuda ao descrente, dando-lhe o testemunho de tua renovação espiritual.

Se recebeste o dom da alegria, não te esqueças do triste e ampara-o a fim de que se reerga no caminho da esperança.

Cada qual pode ser rico na posição em que se encontra.

Se o homem de grande expressão financeira pode ser o rico de ouro terrestre, o homem pobre de recursos materiais pode ser rico de talentos do espírito.

O doente pode ser rico de paciência e coragem tanto quanto a pessoa de excelente saúde pode ser rica de bondade e cooperação.

O homem maduro pode ser rico de tolerância e carinho. O moço pode ser rico de disciplina e boa vontade.

A penúria só existe onde a preguiça e a ignorância dominam.

Procura a tua fortuna e espalha-lhe as bênçãos.

A vida te compensará, infinitamente, cada gesto de amor que fixares na alma dos semelhantes, auxiliando-os de algum modo.

Deus é o Nosso Pai de Ilimitada Misericórdia, mas também de Infinita Riqueza.

Na condição de seus filhos, distribuamos os recursos que a vida nos empresta, em Seu Nome, convencidos de que o Céu nos retribuirá sempre, de conformidade com as nossas próprias obras.

Chico Xavier

35

Leitura da caridade

Emmanuel

A CARIDADE NÃO SERÁ TRANSMITIDA APENAS através da frase que a ensina, embora devamos a melhor veneração ao verbo edificante...

Não será aprendida tão-somente nas páginas consoladoras da antologia religiosa...

Será lida, acima de tudo, em nossa própria existência.

No lar, o esposo conhecer-lhe-á os princípios na renunciação da companheira, tanto quanto a esposa contemplar-lhe-á a excelsitude na correção irrepreensível do homem que preside a casa. Os filhos observar-lhes-ão os ensinamentos na conduta enobrecedora dos pais, e os familiares, no sentido comum, procurar-lhe-ão o tesouro vivo naquele que fala e se movimenta em seu nome.

Nas instituições, os dirigentes identificar-lhe-ão sublimidade na cooperação digna dos subalternos e os que obedecem notar-lhe-ão a grandeza que guardam a autoridade e orientam o serviço.

Não nos esqueçamos de que, no lar e na vida pública, todos os que nos cercam esperam de nós a mensagem da caridade, através dos nossos mínimos atos de compreensão, afabilidade, carinho e gentileza...

Nosso coração é diariamente lido pelos outros na palavra que emitimos, na frase que escrevemos, no compromisso que assumimos ou nos gestos que praticamos.

É preciso lembrar, na altura de nossos atuais conhecimentos espiritistas, que não mais nos basta a doação do supérfluo para a revelação da divina virtude, na ordem material da vida.

Recordemos o dever de dar de nós mesmos,

com esforço, sacrifício pessoal, disciplina e suor, em nosso relacionamento com os semelhantes, se desejamos assimilar a lição que Jesus nos legou.

Façamos de nossa experiência um livro aberto de amor puro, em que nossos irmãos de caminho possam ler a fraternidade e a cooperação em todas as nossas obrigações bem cumpridas, e a caridade será fulgurante estrela em nosso coração, brilhando para os que convivem conosco e clareando-nos o caminho para a glória da vida eterna.

Chico Xavier

36

Hora a hora, dia a dia

Emmanuel

Se desejas pautar o próprio caminho nas diretrizes de Jesus, chamado que te encontras ao serviço do Evangelho, não te esqueças da hora bem vivida para que o teu dia de trabalhador seja realmente uma bênção.

Quando te levantas, cada manhã, vigia os pensamentos com que inicias a tarefa diária, meditando na confiança com que o Cristo te espera a cooperação junto àqueles que te rodeiam.

Quando começares o desempenho de tuas obrigações, centraliza a força mental no dever a cumprir.

Se a tua missão permanece circunscrita ao santuário familiar, faze de tua habitação um pequeno paraíso de amor e alegria, ainda mesmo ao preço de tua dor e de tua renúncia, em favor de quantos te participam a experiência.

Se o teu esforço deve desdobrar-se à distância do lar, recorda o respeito que devemos a todas as criaturas e não gastes a energia de teu verbo senão para consolar e instruir, ajudar e sublimar.

Em casa ou na via pública, decerto, muitas vezes, receberás a visitação da maledicência a requisitar-te o pensamento e a palavra, à discórdia e à calúnia, à leviandade e à insensatez...

Agora é um amigo despreocupado que estima a cultura do pessimismo e da crítica, induzindo-te o coração à perda de minutos preciosos da vida, reprovando a conduta de autoridades distantes...

Mais tarde, serás convocado pela observação de parentes consanguíneos, acerca de futilidades mil, que quase sempre envolvem a alheia reputação...

Não maltrates, nem firas quem te ofereça

semelhantes espinhos da roseira do mundo, mas sem afetação e sem alarde, procura encaminhar o conversador para algum tema edificante ou para algum serviço suave em que o concurso dele possa ser valiosamente aproveitado...

Sobretudo, não te enganes com o apelo anestesiante do repouso desnecessário. Dificilmente encontramos a diferença entre a ociosidade e a fadiga.

Se pretendes conquistar o título de escolhido no campo da Boa-Nova, vale-te do chamado de Jesus e movimenta-te no bem com fervor infatigável.

Observa os teus dias se desejas uma existência rica de graças e, convertendo as tuas horas em cânticos de serviços, encontrarás enfim a comunhão sublime com Aquele que nos ama, desde o princípio dos séculos, e que, por amor a nós todos, jamais abandonou o trabalho incessante, de modo a nos socorrer e a nos sustentar até o fim.

Chico Xavier

37

Assistência espiritual

Emmanuel

QUAL SUCEDE NO PLANO DOS COMPANHEIROS, ainda jungidos à veste física, também nós, os desencarnados, sofremos o desafio de rudes problemas que nos são endereçados da Terra, ansiando vê-los definitivamente solucionados, entretanto, é preciso conformar as próprias deliberações aos impositivos da vida.

Entendimento não é construção que se levante de afogadilho e a morte do corpo denso não marmoriza as fibras da alma.

Muitas vezes, trememos diante dos perigos que se nos desdobram à frente de seres amados e outro recurso não identificamos para nos sossegar a alma senão a prece, que nos induz à aceitação da Eterna Sabedoria.

Afligimo-nos perante filhos queridos, engodados por terríveis enganos, e tudo daríamos de nós para que se harmonizassem com a realidade, sem perda de tempo, mas é forçoso respeitar-lhes o livre-arbítrio e contar com o benefício do desencanto, a fim de que a experiência se lhes amadureça, no âmago do ser, por fruto precioso de segurança.

Partilhamos a dor de enfermos estremecidos que nos envolvem o pensamento nas vibrações atormentadas dos rogos com que nos aguardam a intervenção e renunciaríamos de pronto a tudo o que significasse nossa própria alegria para lhes rearticular a saúde terrestre, entretanto, cabe-nos a obrigação de lhes acalentar a coragem no sofrimento inevitável às vitórias morais deles mesmos.

Acompanhamos as provas de amigos inolvidáveis que se arrastam em asfixiantes peregrinações no mundo e, jubilosos, tomar-lhes-íamos o lugar sob as cruzes que carregam, mas é necessário fortalecer-lhes o ânimo para que não desfaleçam na luta, único meio que lhes garantirá o próprio resgate para a grande libertação.

Seguimos o curso de acontecimentos desagradáveis, entre irmãos que nos partilham ideais e tarefas, entendendo que qualquer sacrifício justo ser-nos-ia uma bênção para furtá-los aos conflitos que lhes ferem a sensibilidade, contudo, é imperioso, de nossa parte, sustentar-lhes as forças, na travessia das crises menores que lhes vergastam o coração no presente, para que se lhes ilumine o aprendizado e se lhes acorde mais vivamente o senso de responsabilidade no dever a cumprir, evitando-se calamidades maiores que cairiam, de futuro, por agentes arrasadores, nas construções espirituais deles próprios.

Todos somos de Deus e pertencemo-nos uns aos outros, no entanto, cada qual de nós estagia mentalmente em sítio diverso da evolução.

Por esse motivo, nas dificuldades e lutas que nos são próprias, suplicamos à Infinita Bondade concessões disso ou daquilo, mas só a Infinita Bondade conhece realmente o que necessitamos, daquilo ou disso.

Condicionemos, assim, os próprios desejos à Divina Orientação, que dirige o Universo em divino silêncio, porque foi ao reconhecer-nos por enquanto incapazes de querer e saber, acertadamente, o que mais nos convenha à verdadeira felicidade, é que Jesus nos ensinou a sentir e dizer na oração, diante do Pai: "Seja feita a vossa vontade, tanto na Terra quanto nos Céus..."

38

Tua religião

Emmanuel

Tua religião!

Em muitas ocasiões, perguntas se ela é, realmente, a melhor.

Não precisas, porém, de largar comparações.

Faze o exame da própria fé.

Se, nas crises da vida, quando suplicas concessões especiais em teu benefício, a tua religião te ensina que todas as criaturas são filhas do Criador, sem que te seja lícito exigir qualquer privilégio na Criação...

Se, nas atribuições de merecimento, quando rogas favores particulares para aqueles que te desfrutam os caprichos do afeto, a tua religião te aconselha a respeitar o direito dos outros...

Se, nas invasões da mentira, diante das perturbações que se distendem por gases envenenados, quando te inclinas, naturalmente, para onde te predisponham os ventos da simpatia, a tua religião te confere a precisa força moral para aceitar a verdade...

Se, no jogo dos interesses materiais, quando tentações numerosas te induzem a trapacear, em nome da inteligência, com vantagens pessoais manifestas, a tua religião te mostra o caminho do dinheiro correto, sem te afastar do suor no trabalho e da responsabilidade no esforço próprio...

Se, nos dias amargos de humilhações, quando o orgulho ferido te sugere desespero e revide, a tua religião te recomenda humildade e abnegação com a desculpa incondicional das ofensas e esquecimento de todo mal...

Se, nas horas de angústia, perante a morte que

paira, inevitável, sobre a fronte dos entes queridos, quando a separação temporária te impele ao desânimo e à rebeldia, a tua religião te assegura a certeza da imortalidade da alma, sustentando-te a paciência e iluminando-te as esperanças...

Se a tua religião considera a felicidade do próximo acima de tua felicidade, convertendo-se em serviço incessante no bem, sob a inspiração da justiça, a tua religião é e será sempre uma luz verdadeira para o caminho, conduzindo-te a alma, degrau de entendimento e trabalho para as Esferas Superiores.

Se te declaras em ação, na Doutrina Espírita, efetivamente, a tua religião não pode ser outra. E, se dúvidas te avassalam o pensamento em matéria de crença e conduta, preconceitos e tradições, entra no mundo de ti mesmo e indaga da própria consciência qual teria sido, entre os homens, a religião de Jesus.

Chico Xavier

39

Cérebro e coração

Emmanuel

O CÉREBRO, EM VERDADE, ARTICULARÁ LEIS que disciplinem os povos;

comandará arrojadas experimentações científicas;

plasmará ilações filosóficas e religiosas da mais elevada importância na marcha evolutiva da consciência:

medirá as distâncias em pleno céu;

comporá maravilhas com os méritos da palavra;

conquistará o domínio do espaço, erguendo o homem à condição de triunfador do mundo;

descerá, com segurança, aos mais obscuros labirintos do mar, arrancando-lhe os segredos;

abordará, com mestria, os enigmas da natureza para solucioná-los em seu próprio favor;

tecerá os primores da arte;

estenderá os benefícios da indústria;

e supervisionará todas as iniciativas da criatura na subida ao plano superior.

Entretanto, no coração reside a força criadora do ser e somente através dele flui a generosa fonte do amor que gera a beleza e glorifica as bênçãos da vida.

É por isso que Jesus, o nosso Divino Mestre, falou acima de tudo ao Coração Humano, porque se o Cérebro é garantia do progresso na Terra, o Coração é a estrela que brilha, soberana, confundindo a Terra com o Céu para que a Humanidade se integre, vitoriosa, na luminosa comunhão com Deus.

40

Mais luz

Emmanuel

EM VERDADE, GRANDE É A NOITE EM QUE SE debate a alma do mundo.

Nos mais variados ângulos da marcha, vemos as trevas da incompreensão e as nuvens da discórdia implorando a graça da luz.

Não clames, porém, contra as sombras.

Muita vez, o desespero é a preguiça agitada tanto quanto a lamentação é a ociosidade sonora.

Não condenes, nem reclames.

Faze alguma claridade e segue adiante.

A semente de agora será colheita depois.

A centelha hesitante de hoje surgirá por facho resplendente amanhã.

Grande é o nevoeiro da ignorância que ainda envolve a Terra.

Atende ao cérebro, mas não te esqueças do coração.

A sabedoria é o caminho.

O amor é a luz.

O palácio às escuras poderá povoar-se de monstros.

O campo singelo, aos clarões da manhã, é um templo aberto à glória solar.

Ajuda e transformarás a dor em alegria.

Ama e farás a vida brilhar.

41
Prece para hoje

Maria Dolores

Senhor!... Enquanto o tempo se renova
Nos vastos horizontes deste dia,
Aspiro a ser, onde me colocares,
A lembrança da paz e da alegria.

Ante a explosão de amor com que envolves o mundo,
Deixa que eu seja um raio de esperança
A todo coração desalentado
Que procura encontrar-te e ainda não te alcança.

Que eu tenha os próprios braços no socorro
À penúria de todos os matizes.
Entretanto, Senhor, faze de mim também a
palavra de fé,
Levantando na estrada os tristes e infelizes.

Converte-me a visão em caridade,
Dá-me o dom de servir sem perguntar a quem,
Conserva-me na escola do dever,
Faze de minhas mãos artífices do bem.

Ampara-me, Senhor, para que me transforme,
Na seara da vida e seja com quem for,
Num singelo canteiro de trabalho
A bendizer-te a luz e a florir-se de amor!...

42

Nossas mãos

Emmanuel

EM VERDADE, HÁ MILHARES DE MÃOS MARAVI-
lhosamente limpas no jogo das aparências...

Mãos que se cobrem de joias valiosas, mas que
não se dispõem a partir um pão com o faminto.

Mãos que se agitam, vivazes, na mímica dos
discursos comoventes, mas que não descem ao ter-
reno de ação para ministrar uma gota de remédio ao
doente.

Mãos que assinam decretos e portarias impor-
tantes na administração pública, recomendando a
ordem e a virtude para os governados, mas que não

hesitam em desmantelar os bens coletivos que lhes foram confiados.

Mãos que escrevem páginas admiráveis de literatura, sob a inspiração da gramática, ornada de tesouros artísticos, e que jamais se preocupam com a prática do verbalismo brilhante que produzem.

Mãos que se movimentam em acervos de moedas e notas bancárias, exibindo poder, mas que não cedem o mais leve empréstimo dos recursos em que se demoram, sem pesados tributos ao irmão que suporta espinhosos fardos em escuros caminhos.

Mãos que indicam aos outros o roteiro da salvação e que escolhem a senda escura da maldição para si mesmas.

Realmente, não te esqueças da higiene de tuas mãos, contudo, guarda vigilância para com aquilo que fazes.

Nossas mãos constituem as antenas de amor que, orientadas pelo Evangelho, podem converter a Terra em domínio da luz.

Deixa que os teus braços se integrem no trabalho da verdadeira fraternidade e serás, desse modo, o instrumento vivo da Vontade Divina, onde estiveres, em favor do reinado da paz e da alegria para o engrandecimento do mundo inteiro.

Chico Xavier

IDE | Conhecimento e educação espírita

No ano de 1963, Francisco Cândido Xavier ofereceu a um grupo de voluntários o entusiasmo e a tarefa de fundarem um periódico para divulgação do Espiritismo. Nascia, então, o Instituto de Difusão Espírita - IDE, cujos nome e sigla foram também sugeridos por ele.

Assim, com a ajuda de muitas pessoas e da espiritualidade, o Instituto de Difusão Espírita se tornou uma entidade de utilidade pública, assistencial e sem fins lucrativos, fiel à sua finalidade de divulgar a Doutrina Espírita, por meio de livros, estudos e auxílio (material e espiritual).

Tendo como foco principal as obras básicas de Allan Kardec, a preços populares, a IDE Editora possui cerca de 300 títulos, muitos psicografados por Chico Xavier, divulgando-os em todo o Brasil e em várias partes do mundo.

Além da editora, o Instituto de Difusão Espírita também se desenvolveu em outras frentes de trabalho, tanto voltadas à assistência e promoção social, como o acolhimento de pessoas em situação de rua (albergue), alimentação às famílias em momento de vulnerabilidade social, quanto aos trabalhos de evangelização infantil, mocidade espírita, artes, cursos doutrinários e assistência espiritual (passes).

Ao adquirir um livro da IDE Editora, além de conhecer a doutrina espírita e aplicá-la em seu desenvolvimento, o leitor também estará colaborando com a divulgação do Evangelho do Cristo e com os trabalhos assistenciais do Instituto de Difusão Espírita.

idelivraria.com.br

FUNDAMENTOS DO ESPIRITISMO

1º Crê na existência de um único Deus, força criadora de todo o Universo, perfeita, justa, bondosa e misericordiosa, que deseja a felicidade a todas as Suas criaturas.

2º Crê na imortalidade do Espírito.

3º Crê na reencarnação como forma de o Espírito se aperfeiçoar, numa demonstração da justiça e da misericórdia de Deus, sempre oferecendo novas chances de Seus filhos evoluírem.

4º Crê que cada um de nós possui o livre-arbítrio de seus atos, sujeitando-se às leis de causa e efeito.

5º Crê que cada criatura possui o seu grau de evolução de acordo com o seu aprendizado moral diante das diversas oportunidades. E que ninguém deixará de evoluir em direção à felicidade, num tempo proporcional ao seu esforço e à sua vontade.

6º Crê na existência de infinitos mundos habitados, cada um em sintonia com os diversos graus de progresso moral do Espírito, condição essencial para que neles vivam, sempre em constante evolução.

7º Crê que a vida espiritual é a vida plena do Espírito: ela é eterna, sendo a vida corpórea transitória e passageira, para nosso aperfeiçoamento e aprendizagem. Acredita no relacionamento destes dois planos, material e espiritual, e, dessa forma, aprofunda-se na comunicação entre eles, através da mediunidade.

8º Crê na caridade como única forma de evoluir e de ser feliz, de acordo com um dos mais profundos ensinamentos de Jesus: "Amar o próximo como a si mesmo".

9º Crê que o espírita tenha de ser, acima de tudo, Cristão, divulgando o Evangelho de Jesus por meio do silencioso exemplo pessoal.

10º O Espiritismo é uma Ciência, pois to que a utiliza para comprovar o que ensina; é uma Filosofia porque não impõe, permitindo que os homens analisem e raciocinem, e, principalmente, é uma Religião porque crê em Deus, em Jesus como caminho seguro para evolução e transformação moral.

Para conhecer mais sobre a Doutrina Espírita, leia as Obras Básicas, de Allan Kardec: O Livro dos Espíritos, O Evangelho Segundo o Espiritismo, O Livro dos Médiuns, O Céu e o Inferno e A Gênese.

ide ideeditora.com.br

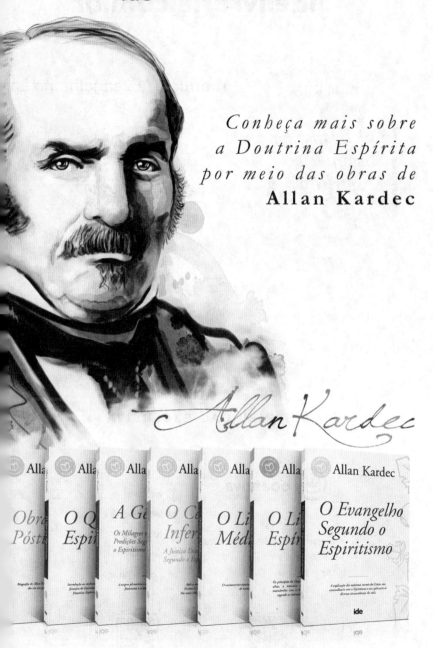

idelivraria.com.br

Pratique o "Evangelho no Lar"

Aponte a câmera do celular e
faça download do roteiro do
Evangelho no lar

Ide editora é nome fantasia do Instituto de Difusão Espírita, entidade sem fins lucrativos.

 ideeditora   ide.editora   ideeditora

◀◀ DISTRIBUIÇÃO EXCLUSIVA ▶▶

Av. Porto Ferreira, 1031 | Parque Iracema
CEP 15809-020 | Catanduva-SP
📞 17 3531.4444   💬 17 99777.7413

 boanovaed
boanovaeditora
boanovaed
www.boanova.net
boanova@boanova.net

Fale pelo whatsapp

Acesse nossa loja